Émile Beaussire

La réforme électorale et l'abstention

essai

ISBN : 978-1533025616

10 9 8 7 6 5 4 3 2 1

Émile Beaussire

La réforme électorale et l'abstention

essai

Table de Matières

Introduction

Des élections fréquentes sont inévitables à la suite d'une révolution : il faut renouveler dans tout le pays les pouvoirs qui procèdent du suffrage populaire, il faut aussi tenir compte des fluctuations de l'opinion publique, plus mobile et plus exigeante que dans les temps calmes. Tandis que les impatiens ne cessent pas de réclamer des élections nouvelles, la masse des électeurs semble s'y refuser ou s'y prêter de mauvaise grâce : de là des abstentions de plus en plus nombreuses. Cette sorte de lassitude n'avait pas tardé à se manifester en 1848, lors des premiers essais du suffrage universel ; elle s'est montrée encore en 1871, et les élections qui viennent d'avoir lieu dans les premiers jours de 1872 ont permis de constater l'intensité croissante du mal. Il semble, sur certains points, qu'il y ait une renonciation systématique à l'exercice d'un droit importun. L'abstention est prêchée par des hommes en possession d'une légitime influence, par des organes importants de l'opinion publique. Les uns en font une protestation contre le suffrage universel, ou du moins contre la manière dont il fonctionne ; les autres, par une étrange aberration, y cherchent un moyen d'user plus vite les partis extrêmes, en leur laissant le champ libre ; beaucoup s'en font un devoir entre des candidats qu'ils frappent d'une égale indignité et auxquels ils renoncent à en opposer de plus dignes. Les politiques sensés s'alarment à juste titre de cette désertion du devoir électoral, qui se produit surtout dans la majorité honnête, modérée, intéressée à l'ordre, et qui ne profite qu'aux minorités turbulentes ou factieuses. Divers remèdes ont été proposés ; ils ont fait l'objet de vœux soumis aux conseils-généraux, de pétitions adressées à l'assemblée nationale, et les moins chimériques prendront sans doute la forme de propositions de lois. Dans un moment où le salut du pays est plus que jamais attaché à l'exercice consciencieux du droit de vote, nulle matière n'appelle davantage l'attention du législateur. Il ne faut pas toutefois s'exagérer l'effet de l'action légale. On risque d'aggraver le mal, si on se borne à en prévenir ou en réprimer les conséquences sans remonter aux véritables causes ; or ces causes sont surtout dans la confusion des idées et dans le trouble des consciences : elles relèvent beaucoup moins des lois que de l'opinion, publique et des

Émile Beaussire

mœurs.

Partie I

Les abstentions, dans un temps comme celui-ci, ne sont pas seulement le fait de l'indifférence ou de l'apathie ; elles attestent un profond découragement. Le propre des révolutions est de détruire la confiance à l'égard de ce qu'elles renversent, sans la faire naître à l'égard de ce qu'elles prétendent fonder. Si, dans les partis aux prises, les regrets et les espérances affectent le caractère d'une foi vive et militante, combien assistent incertains, inquiets, effarés, à des événements qu'ils ne comprennent pas et où tout leur est un sujet de crainte ! Et quand le découragement fut-il plus naturel que dans cette néfaste période, où il n'y a de clair qu'une série inouïe de catastrophes ? Quatre mois ne s'étaient pas écoulés depuis qu'une majorité énorme avait témoigné sinon une confiance entière dans l'édifice impérial, du moins une peur extrême de le voir tomber, lorsqu'il s'est écroulé en un jour par ses seules fautes sans trouver un défenseur. Cette chute laissait le pouvoir aux mains d'un parti qui, pour le pays, était un épouvantail, et ce parti assumait la double responsabilité d'une révolution à diriger en la contenant, d'une invasion étrangère à repousser ! On ne sait que trop combien le parti républicain a échoué dans cette double tâche. Qu'il faille lui tenir compte des circonstances qui l'ont plutôt porté au pouvoir qu'il ne s'y est porté lui-même que ses imprudences et ses excès ne doivent pas faire oublier ses efforts sincères, et qui n'ont pas tous été malheureux, pour maintenir l'ordre et pour sauver au moins l'honneur national, cela n'est douteux pour aucun esprit impartial. Il ne faut pas se laisser prendre à cette tactique impudente qui, en exagérant les fautes de la république du 4 septembre, cherche par comparaison, à justifier ou à excuser l'empire. Est-il étonnant toutefois que beaucoup d'esprits droits et qui ne manquent pas de lumières, sans regretter l'empire, soient toujours dominés par la terreur que, dès son avènement, la république leur avait inspirée ? Une autre république s'est constituée par le vote et sous la direction suprême des représentants librement élus de la nation tout entière. A la tête a été placé le seul homme d'état dont la clairvoyance et les avertissements patriotiques n'aient jamais manqué au pays en face d'une prospérité factice et des malheurs de tout genre qui en ont été la cruelle expiation. La nouvelle république a trouvé pour la gouverner un ministère qui rappelle les meilleurs jours de la monarchie constitutionnelle, et, ce que n'eût pu réaliser aucun autre gouvernement, elle a obtenu des membres de ce ministère l'ajournement ou l'oubli des plus profondes dissidences. Elle a rassuré les bons citoyens, on n'en saurait douter ; mais elle n'a pas désarmé les oppositions d'intérêt ou de principes, et dans la masse flottante, qui ne se décide pas de parti-pris, elle a laissé subsister bien des causes d'inquiétude et d'alarmes. Comment en serait-il autrement ? Cette république ne s'affirme qu'à titre provisoire : les uns l'acceptent comme un essai, les autres n'en veulent que comme une pierre d'attente. Elle n'a opéré, entre les partis mêmes dont elle s'est concilié le concours ou la neutralité, qu'une trêve qui n'a pas mis fin à leurs querelles, et qui laisse place à leurs revendications respectives. Dans l'assemblée qui l'a instituée, la majorité montre pour elle des dispositions peu favorables ; la plupart de ses ministres sont libres à son égard de tout engagement. Son président lui-même ne s'est lié envers elle que par des déclarations officieuses et en quelque sorte toutes privées. Enfin cette étrange république n'est, pour ainsi dire, qu'une monarchie précaire dont les destinées semblent attachées à une seule bonne volonté, et cette bonne volonté a ses défaillances, — à une seule vie, et cette vie est chargée de jours. Dans de telles conditions, elle peut trouver une masse plus ou moins considérable qui s'y rallie, elle ne saurait avoir un parti à elle.

Entre les partis qui se disputent son héritage, deux seulement ont le droit de décliner la responsabilité de nos récentes infortunes : ce sont le parti légitimiste ou clérical et le parti orléaniste. Le premier a pu croire un instant que la France était avec lui ; il a bientôt été détrompé. On l'avait suivi lorsqu'il avait pris l'initiative d'une réaction nécessaire contre la folie de la guerre à outrance, après s'être honoré par son dévouement et par son courage tant que la guerre avait été possible ; on s'est détourné de lui quand il a montré sa véritable bannière. L'orléanisme ne soulève pas les mêmes passions. La génération présente a peine à comprendre, après tout ce que la France a supporté patiemment depuis 1848, les causes qui ont fait tomber du trône le roi Louis-Philippe. Les

Émile Beaussire

fils et les petits-fils du roi constitutionnel de 1830 voient se tourner vers eux les dernières espérances non-seulement de ceux qui leur ont toujours été attachés, mais de bien des légitimistes et de bien des républicains, par désespoir chez les uns de faire accepter à la France le nom, le drapeau, les principes du chef de la maison de Bourbon, par crainte chez les autres de ne pouvoir fonder une république libérale ou de ne pouvoir se passer pour la fonder d'un patronage princier, par une égale appréhension des deux parts des chances de retour que l'état actuel pourrait donner à l'empire. Les deux principes que représente l'orléanisme, la souveraineté nationale et le gouvernement parlementaire, se prêtent à la forme républicaine comme à la forme monarchique. Aussi, parmi ceux dont les préférences sont restées orléanistes, beaucoup ont donné un concours loyal soit aux deux républiques de 1848 et de 1871, soit à l'essai de l'empire libéral en 1870, et la royauté légitime, entourée de garanties constitutionnelles, ne leur inspirerait pas plus de répugnance. Cette situation impartiale est celle des princes d'Orléans eux-mêmes. Ils ont toujours déclaré que rien dans leur origine et dans leurs principes ne les liait à une forme exclusive de gouvernement. Sous l'empire, qui les avait spoliés, sous la république, qui après de regrettables hésitations les a rendus à leur patrie, ils n'ont jamais réclamé que le droit de servir la France, ils n'ont jamais affiché l'attitude de prétendants. C'est leur honneur comme citoyens, c'est aussi leur faiblesse comme chefs de parti. L'orléanisme n'a en général dans les élections ni organes, ni comités, ni candidats auxquels soient tentés de se rallier ceux qui se refusent aux appels des autres partis.

Telle est aussi la situation de beaucoup d'électeurs : d'un côté, ils sont en présence de prétentions qui les effraient, soit par le souvenir de fautes ou de crimes dont nos malheurs ne sont que les suites, soit par des griefs plus lointains, mais toujours cuisants ; de l'autre, ils entendent des voix sages, honnêtes, libérales, toutefois timides, indécises, qui semblent craindre d'affirmer les institutions qu'elles leur offrent ou qu'elles leur promettent. Incertains eux-mêmes, découragés par le passé, n'entrevoyant rien de clair dans l'avenir, ils renoncent à remplir des devoirs qui supposent des opinions, et pour ne pas s'exposer à la responsabilité de mauvais choix, ils s'en remettent du soin de leurs destinées à la Providence ou au hasard.

Les déplorables manœuvres qui sont devenues les armes habituelles de tous les partis dans les luttes électorales contribuent encore à entretenir ce découragement. Sous l'empire, les candidats, leurs patrons et leurs agents se servaient à la fois, sans ménagement et sans scrupule, des promesses et des menaces. Aujourd'hui, après tant de déceptions, les promesses les plus impudentes manqueraient leur effet ; celui des menaces est plus sûr : il n'est que trop facile d'effrayer un peuple qui a tant souffert. L'évocation des fantômes sinistres fait tout le fond des polémiques dont se remplissent les journaux et dont se couvrent les murs en temps d'élections. Fantômes rouges, fantômes blancs, fantômes noirs, suivant les partis contre lesquels on les évoque, tous menacent également des intérêts prompts à s'alarmer, et sèment d'autant plus aisément l'épouvante qu'ils ne sont pas faits de pures chimères. Les uns, dans ce qu'ils ont de plus affreux, sont des réalités d'hier et seront peut-être, hélas ! des réalités de demain ; ce sont même des réalités présentes, comprimées, non étouffées et toujours prêtes à faire explosion. Les autres rappellent un régime détesté, que repousse ce qu'il y a de plus solide dans nos institutions et de plus vivace dans nos mœurs, mais qui n'est ni entièrement ni universellement désavoué dans le langage, dans les tendances et dans les actes de ceux qui en gardent l'impopularité. Il n'y a manœuvre déloyale ou égarement des imaginations que dans le grossissement et la multiplication de ces trop justes sujets d'alarmes, soit qu'on fasse de tout démocrate un buveur de sang, de tout catholique un suppôt de l'inquisition, ou de tout monarchiste un pourvoyeur du Parc-aux-Cerfs. Par de pareils moyens, on entraîne au vote les plus passionnés dans un sens ou dans un autre ; quant aux électeurs impartiaux, s'ils ne sont pas assez éclairés pour reconnaître l'exagération, ils se laissent prendre à tous les épouvantails, et ne voient de refuge que dans l'abstention.

Beaucoup s'abstiennent encore par un scrupule honorable, mais mal entendu. N'ayant aucun espoir de faire prévaloir leurs opinions propres, pour lesquelles ils ne trouvent, dans leur circonscription, ni des adhérens assez nombreux, ni des candidats d'une orthodoxie suffisante, ils ne veulent pas s'unir à une ou plusieurs autres minorités pour lutter avec avantage contre le parti le plus redoutable. Ils craindraient de s'engager dans une coalition

Émile Beaussire

immorale. On abuse beaucoup, dans les luttes politiques, de ce mot de coalition et de l'odieux qui s'y attache. Ce qu'il faut flétrir, c'est une ligue de passions, d'intérêts ou d'ambitions qui n'ont d'autre lien que les mêmes haines ou un égal désir de parvenir, et que n'arrête aucune considération de principes, aucun souci du bien public pour satisfaire ces haines ou pour assouvir ce désir. Telle a été, dans l'histoire d'Angleterre, la célèbre coalition dont Fox et lord North ont pris l'initiative, et dont leur mémoire est justement entachée. Mais que des hommes d'opinions diverses, mettant au-dessus des intérêts ou des idées qui les divisent le sentiment commun des besoins les plus pressans de leur pays, s'accordent dans ce sentiment, cherchent à s'entendre sur les meilleurs moyens de lui donner satisfaction, et ajournent tout le reste, ils font acte de bons citoyens et d'esprits vraiment politiques dans le sens le plus élevé. Le gouvernement actuel de la France ne s'est constitué et ne se soutient que par une alliance de ce genre. Or, si une telle alliance est à la fois honorable et nécessaire dans l'assemblée nationale, dans le pouvoir exécutif, comment ne le serait-elle pas dans le pays lui-même ? Si M. de Larcy et M. Victor Lefranc peuvent, sans trahison envers leur passé, se donner la main dans un même cabinet pour une action commune, les amis politiques de M. de Larcy et de M. Victor Lefranc peuvent, à plus forte raison, se rencontrer sans scrupule dans les mêmes votes. Autre chose en effet est un acte direct et positif de gouvernement, autre chose le simple exercice du droit de suffrage. Il ne s'agît ici que d'un choix à faire, c'est-à-dire d'une préférence à exprimer, non pas le plus souvent entre le meilleur et le pire, mais entre un moindre mal et un plus grand. Lorsqu'il y a plus de deux partis en présence (et ç'a toujours été malheureusement l'état de notre pays), une majorité n'est possible que par une alliance, sinon formelle, au moins de fait, entre ceux de ces partis que séparent le moins soit leurs principes, soit leur appréciation de la situation présente. Ils se prêteront entre eux à des concessions mutuelles, ou bien, par un souci plus austère de leur dignité ou de la pureté de leurs principes, les plus faibles numériquement se feront l'appoint désintéressé du parti qui, pour le moment, peut lutter avec le plus d'avantage contre l'ennemi commun : leur isolement ou leur abstention serait un compromis d'un autre genre beaucoup moins justifiable, car ce ne serait pas autre chose qu'un concours négatif donné à la cause qu'ils considèrent comme la plus mauvaise. Dans cet éloquent *factum* où il fustige d'une main si vigoureuse son « collègue » M. Gambetta, M. Dupanloup résume en ces mots son sentiment et celui de la France sur la dictature du fougueux tribun : « après trois mois, vous pesiez sur nous *presque* plus que l'empire. » Ce *presque* laisse place pour l'hypothèse extrême où M. l'évêque d'Orléans, forcé de choisir entre M. Gambetta et l'empire, aurait pu se résigner à voter pour le premier. Des hommes très honnêtes, dans tous les partis, se refusent pourtant à comprendre des vérités aussi simples. Ils croiraient manquer à leurs antécédents et renier leurs principes, s'ils donnaient leurs voix à un adversaire politique, même contre un autre adversaire plus dangereux. Quelques-uns poussent encore plus loin le scrupule. Ils s'abstiennent de voter avec leur propre parti, dans l'intérêt de leurs propres principes, pour ne pas confondre leurs votes avec ceux d'un parti qui leur est odieux. J'ai entendu des députés dire tout haut : « Je ne vote pas pour telle mesure, dont je suis pourtant partisan, parce que je ne veux pas que mon nom se trouve accolé, dans le dépouillement du scrutin, à tels noms dont je regarde le contact comme une souillure. » J'ai vu, sous l'empire, des électeurs libéraux aider par leur abstention le candidat officiel à l'emporter sur un candidat qui leur était très sympathique, parce que celui-ci obtenait l'appui soit des révolutionnaires, soit des légitimistes. « Nous avons pour vous beaucoup d'estime, disait-on lors des élections de juillet 1871 à un candidat, nous n'avons aucun éloignement pour vos idées ; pourquoi donc avez-vous des alliés avec lesquels, à aucun prix, nous ne voulons nous rencontrer sur un terrain commun ? » Le candidat répondait en vain qu'il n'avait fait aucune avance, aucune concession à de tels alliés, qu'il les avait au contraire formellement et publiquement désavoués, que, s'ils le soutenaient, c'était, non par sympathie pour lui, mais par antipathie pour ses adversaires ; il ne gagnait rien sur des répugnances d'autant plus fortes qu'elles étaient toutes de sentiment, non de raisonnement. Rien n'est plus difficile à vaincre que les scrupules d'honnêteté, et moins ils sont raisonnés, plus ils se montrent inflexibles. Comment persuader des hommes de bonne foi, qui, sans consentir à discuter la conduite qu'on leur propose, répondent invariablement : Ce serait immoral,

Émile Beaussire

ce serait une mauvaise action ?

Ces scrupules ne sont pas toujours purs de tout esprit de parti, à l'insu même de ceux qui les conçoivent. On met son honneur, ou pour mieux dire son amour-propre, à faire passer avant tout intérêt l'affirmation de son drapeau. Il y a aussi, pour empêcher l'union contre un commun adversaire, une sorte de pression habilement exercée par cet adversaire lui-même. Sa tactique est de diviser, d'évoquer tous les griefs, anciens ou nouveaux, qui, peuvent creuser un abîme entre ceux qui le combattent, de flétrir à l'avance, comme une coalition honteuse, comme une désertion de leurs principes et de leur drapeau respectif, la seule possibilité de leur rapprochement momentané. L'empire était passé maître dans ce machiavélisme ; les partis qui lui sont restés hostiles sont loin d'en laisser l'emploi à ceux qui poursuivent par tous les moyens sa restauration. On est unanime pour condamner l'abstention ; mais on fait tout pour l'encourager en y intéressant la conscience et l'honneur de ceux dont on ne peut espérer l'alliance.

Une autre cause non moins considérable d'abstention, c'est la complication des intérêts qui sont en jeu dans toute élection française. Dans les pays où la vie politique a su trouver ses véritables conditions, l'Angleterre, les États-Unis, la Belgique, non-seulement les partis sont beaucoup moins nombreux, mais leurs divisions ne portent que sur un petit nombre de points. Aussi l'observateur superficiel, surtout l'observateur du dehors, ne discerne pas toujours en quoi la politique générale de ces pays est modifiée, lorsque la majorité, dans leurs parlements, passe des whigs aux tories, des républicains aux démocrates ou des libéraux aux catholiques. Il en est tout autrement parmi nous. Même dans les temps en apparence les plus calmes, nous éprouvons le besoin de tout mettre en question, depuis le moindre intérêt de clocher jusqu'aux bases de l'ordre social. Sous l'empire, où le rôle des députés était si restreint, il n'était rien de trop petit ou de trop grand pour qu'un candidat à la députation dédaignât ou se fît scrupule de lui donner place dans sa profession de foi. C'était rechercher à plaisir, souvent le dessein, la confusion. Aujourd'hui le même entassement de montagnes, Ossa sur Pélion, se dresse inévitablement devant les candidats comme devant les électeurs. En vain voudrait-on écarter les plus gros problèmes, ils s'imposent, ils exigent qu'on se prononce sur eux par le seul fait de l'impatience de ceux qui n'en savent pas comprendre ou qui n'en veulent pas accepter l'ajournement. Si tous ces intérêts, plus ou moins urgents, se classaient suivant la division des partis, l'embarras serait grand encore pour la plupart des électeurs ; mais telle est, dans ce double état de centralisation excessive où nous n'avons pas cessé de vivre et de trouble universel où nos fautes nous ont plongés, la confusion des idées, des besoins, des situations, que les esprits extrêmes, possédés par une passion unique, peuvent seuls être d'un seul parti et tout subordonner à une cause. — Tel candidat qui me promet son influence et sa voix pour le gouvernement de mes préférences inquiète mes sentiments religieux, il professe des doctrines économiques contraires à mes principes ou menaçantes pour mes intérêts, ou bien encore sa faveur est assurée à telle commune ou à tel canton au détriment de mon canton ou de ma commune. — Toutes ces préoccupations pèsent dans une élection. Les ardents se décident pour l'intérêt qu'ils comprennent le mieux ou qui leur tient le plus à cœur, et ce n'est pas toujours l'intérêt général : l'abstention paraît souvent le parti le plus sûr aux esprits sages ou timorés.

Joignez enfin la brusque suppression des candidatures officielles. Au temps où elles florissaient, l'électeur qui avait confiance dans le gouvernement impérial, ou qui craignait les conséquences de sa chute, savait pour qui il devait voter. Quant à celui qui cédait à des velléités d'opposition, *irréconciliables* ou non, il savait au moins pour qui il ne devait pas voter. Le système était détestable ; cependant il avait ses avantages : il répondait à des besoins réels que peut reconnaître le libéralisme le plus ombrageux, et il y a quelque chose d'excessif dans la réaction qui l'a emporté tout entier. Les candidatures officielles s'appuyaient sur trois pratiques également mauvaises : elles substituaient au choix spontané des électeurs la désignation du gouvernement ; elles faisaient intervenir, dans des luttes où la politique seule du gouvernement devait être en jeu, le nom même du chef de l'état, et engageaient ainsi une responsabilité que la constitution proclamait sans doute, mais qui n'avait pas de sanction en dehors d'une révolution ; enfin elles détournaient à leur profit tous les moyens d'action dont le gouvernement avait le devoir de disposer pour le bien de tous, non dans l'intérêt exclusif de ses partisans : l'argent des contribuables et l'influence des fonctionnaires de tout ordre. Il ne faut pas se lasser de flétrir ces pratiques ; un gouvernement strictement libéral, tout en les répudiant, a pourtant le droit d'avouer les candidats qui représentent le mieux sa politique. C'est la condition même d'un ministère parlementaire que son existence soit sans cesse en question devant les représentants du pays et, à certains intervalles, devant le pays lui-même. S'il n'est pas permis aux ministres d'une monarchie ou d'une république constitutionnelle de découvrir le chef de l'état en dehors des limites de sa responsabilité propre, ou de recourir, pour gagner des voix, à des moyens d'intimidation ou de corruption, ils ont le droit et souvent même le devoir, à chaque vote du parlement, de déclarer et de soutenir leur opinion, — en d'autres termes, de plaider leur cause. Pourquoi n'auraient-ils pas le même droit, sous les mêmes -réserves, chaque fais qu'ils font appel aux électeurs ? Point de manœuvres corruptrices, point d'invocation à un patronage qui n'est pas en cause ; mais y a-t-il lieu de s'indigner si ceux dont le maintien ou la chute dépend des choix qui vont être faits croient devoir indiquer nettement et loyalement quelle signification ils attachent à ces choix ?

Ce rôle légitime est malheureusement interdit au gouvernement actuel. Il n'a que l'apparence d'un gouvernement parlementaire. Il ne représente pas un parti au pouvoir, se défendant contre un ou plusieurs partis opposants ; il est, comme l'a si bien défini M. Thiers, « une moyenne acceptée par tous les partis raisonnables et imposée à ceux qui ne le sont pas. » De là sa nécessité et sa quasi-irresponsabilité, de là aussi pour lui un état de suspicion dont il ne peut pas se dégager pour user de tous ses droits et pour remplir tous ses devoirs. Aucun des partis que M. Thiers appelle raisonnables n'oserait prendre sur lui de le renverser, mais chacun d'eux lui demande des gages et se plaint de ceux qu'il donne aux partis rivaux. Il n'agit presque jamais sans mécontenter quelques-uns de ceux qui se disent ses partisans ; il ne tient entre eux la balance égale qu'à la condition de se désintéresser de leurs luttes. Telle est aussi la situation de ses agents. Ils ne peuvent être, comme lui-même, qu'une moyenne entre les, partis qui ne lui sont pas ouvertement hostiles. Toujours en butte, suivant leurs antécédents respectifs, aux défiances de tel ou tel parti, ils ne se soutiennent qu'à force de s'effacer. Lors même qu'ils se sentiraient assez forte pour se permettre une certaine action politique, le souvenir des agissements impériaux suffirait pour les condamner à une neutralité désarmée. Tous les partis sont en éveil contre la moindre ingérence de l'administration dans les élections, les uns pour montrer qu'ils sont toujours contraires aux candidatures officielles, les autres pour se venger de ne plus pouvoir en abuser. On ne repousse pas seulement l'influence des préfets qui représentent, ou qui sont censés représenter la politique générale du gouvernement ; on ne supporte celle d'aucun fonctionnaire, même de ceux qui n'ont pas un caractère politique. Sous le règne libéral de Louis-Philippe, malgré les reproches de l'opposition d'alors, un petit nombre seulement de fonctionnaires pouvaient être considérés comme les agents politiques du gouvernement ; les autres jouissaient en fait dans les luttes électorales d'une très large indépendance. Nous avons connu des magistrats amovibles, des juges de paix par exemple, qui pouvaient, sans encourir une disgrâce, combattre publiquement les candidats ministériels. L'empire a tenu les fonctionnaires de tout ordre dans une telle dépendance, les réduisant au silence lorsqu'il ne pouvait pas leur demander ou leur arracher des services électoraux, que leur dignité, malgré le changement de régime, commande aujourd'hui une très grande réserve. Les maires eux-mêmes, quoiqu'ils aient conquis une liberté sans limites dans la plupart des communes, presque sans limites dans les villes grandes ou moyennes, ne peuvent prétendre à une influence quelconque comme citoyens, comme électeurs, sans se voir accusés de revenir aux pratiques des candidatures officielles. La réaction va si loin que certains esprits ombrageux refusent aux députés le droit d'intervenir dans les élections de leurs départements respectifs et de revendiquer sur les candidatures qui représentent le mieux leurs opinions une sorte de patronage officieux. Un maire ne nous a-t-il pas demandé sérieusement si des conseillers municipaux pouvaient se mêler d'élections ? Ces scrupules excessifs ou déraisonnables, s'ils n'arrêtent pas les hommes de parti, paralysent le zèle légitime de beaucoup d'hommes sages ; ils laissent sans conseils efficaces, sans une direction utile, les électeurs ignorants ou indécis. Dans un pays où il y a si peu de grandes influences d'un caractère tout privé, et où règnent cependant des habitudes si invétérées, un

Émile Beaussire

besoin si persistant de recevoir une impulsion et d'obéir à un mot d'ordre, rien n'est plus dangereux que de trop abandonner le suffrage universel A lui-même. Le découragement d'aujourd'hui n'est pas le plus grand péril ; Dieu fasse qu'à l'abstention ne succède pas un jour ou l'autre, par l'effet même d'une sorte de désespoir, l'entraînement vers les plus folles aventures !

Partie II

Si telles sont les principales causes qui détournent du devoir électoral tant de citoyens, il est aisé de voir que l'intervention du législateur ne suffirait pas à elle seule pour faire cesser ou pour diminuer utilement les abstentions. On a proposé des pénalités ; elles seraient parfaitement justifiées. Dans une démocratie libérale, le vote universel et obligatoire, le service universel et obligatoire, sont deux termes qui s'appellent réciproquement, et, s'il fallait sacrifier l'un des deux, ce n'est pas assurément le premier. Le service militaire répond aux nécessités les plus pressantes d'un pays : la défense du territoire ou de l'honneur national contre les ennemis du dehors, le maintien de l'ordre contre les ennemis du dedans ; mais ces nécessités exigent seulement que tous soient prêts pour y faire face. Sauf dans des circonstances exceptionnellement rares, elles ne réclament pas le concours effectif et simultané de tous, et même dans de telles circonstances il y a place pour des exemptions fondées sur des impossibilités physiques ou sur des devoirs d'un autre ordre. Le suffrage populaire, quand il sert de base aux institutions d'un pays, met en jeu tous ses intérêts ; des jugements qu'il est appelé à rendre dépend la paix ou la guerre, l'ordre ou le désordre, le salut ou la perte de la fortune publique et des fortunes privées. Or ce qu'il demande à chaque citoyen, c'est un effort d'un instant auquel tous peuvent se prêter à la fois, et qui ne porte préjudice à l'exercice d'aucune profession, à l'accomplissement d'aucun devoir : une impossibilité absolue peut seule donner le droit de s'y soustraire. L'obligation de voter est d'autant plus rigoureuse qu'elle s'accomplit en toute liberté. Protégé par le secret du vote, celui qui concourt à un mauvais choix n'est responsable que devant sa conscience, tandis que celui qui, par son abstention, favorise aussi, quoique d'une façon négative, un mauvais choix, encourt une responsabilité manifestée par un fait public, légalement appréciable et légalement punissable. C'est un déserteur dans le plus grave des combats, dans un combat qui peut prévenir ou empêcher tous les autres, si la victoire y est assurée au bon sens et au bon droit. Des peines contre l'abstention n'ont donc rien que de très légitime, et elles seraient loin d'être inefficaces contre l'indifférence ou l'inertie d'un trop grand nombre d'électeurs ; mais quelle serait la valeur de ces votes obtenus par force sous la menace de l'amende, ou de la prison ? La contrainte légale ferait-elle la lumière dans ces esprits troublés qui ne voient partout qu'expériences malheureuses et tentatives pleines de périls, pour qui tout choix à faire est par quelque côté un sujet d'effroi, à qui ne s'offrent enfin que des conseils suspects, plus propres, même les meilleurs, à les inquiéter encore qu'à les éclairer ? Ils voteront, mais au hasard ; ils mettront dans l'urne le premier bulletin qui leur tombera sous la main, ou bien, s'ils y apportent plus de choix, ils se laisseront guider par leur humeur du moment, par l'impression qu'ils auront gardée de la dernière affiche qui attirera leurs regards ou des dernières objurgations de tel ou tel meneur. Plus d'un cédera même à la tentation insensée de se venger par un vote d'opposition du gouvernement qui le forcera de voter. Le résultat le moins dangereux dans beaucoup de circonstances sera la dispersion des voix sur des candidatures de toutes nuances, dont la multiplicité donnera satisfaction à toutes les fantaisies comme à tous les scrupules, et qui ne feront, à la place des abstentions, qu'accroître le nombre des voix perdues. Qu'importe la quantité littérale des votes, si la qualité n'y gagne rien, si elle court même le risque de devenir plus mauvaise ? Qu'on décrète donc le vote obligatoire, et qu'on lui donne une sanction pénale : la mesure est juste, elle peut avoir des avantages ; mais une fois qu'elle sera prise, qu'on y voie une raison de plus de ne rien négliger pour éclairer les électeurs. On fait plus en effet que de leur mettre dans les mains une arme utile ou dangereuse, suivant l'usage qu'ils en feront : on les oblige de s'en servir, on les amène par force au combat, sans qu'on puisse savoir si l'on ne grossit pas le nombre de ses adversaires. En matière d'élections, la loi est aveugle, ses exigences profitent indifféremment à toutes les causes : aussi plus elle étend ses appels et ses moyens de contrainte, plus elle a le droit de compter sur les

Émile Beaussire

lumières et sur la vigilance des bons citoyens pour en détourner les mauvais effets.

On a demandé, dans quelques conseils-généraux, des mesures préventives contre ces polémiques irritantes qui ont pour résultat de dégoûter des élections les plus honnêtes citoyens. L'excès en ce genre est tellement général, il entache tellement toutes les élections, que les mesures répressives sont une arme impuissante dont on a renoncé à faire usage. Quelles protestations peuvent se produire avec succès, quelles poursuites peuvent être engagées, quelles annulations, quelles condamnations peut-on espérer, quand les torts sont partout réciproques, quand les délits d'injure, de diffamation, de calomnie, d'excitation à la haine des citoyens les uns contre les autres, sont partout commis au profit de tous les candidats contre tous les candidats ? Des mesures préventives pourraient sans doute être plus efficaces, mais elles étoufferaient, avec les abus, les bienfaits de la liberté. On conseille de revenir à la législation impériale, qui n'autorisait que les affiches signées des candidats eux-mêmes. On suppose, non sans raison, que ceux qui se présentent aux suffrages de leurs concitoyens se feront un devoir, dans leur intérêt même, d'une certaine modération relative ; mais c'est méconnaître les conditions nécessaires d'une élection que de vouloir que les candidats descendent seuls dans la lice. C'est réduire au silence et forcer à l'abstention les partis qui, ne pouvant espérer le succès pour eux-mêmes, se rallient par nécessité à la candidature dont ils conçoivent le moins d'ombrage. C'est autoriser la défaillance de ces électeurs irrésolus qui ont besoin de conseils répétés sous toutes les formes et des plus pressantes exhortations pour se décider, quand ils ne peuvent faire le meilleur choix, à faire le moins mauvais. C'est décourager enfin beaucoup d'hommes de bien dont le dévouement ne se refuse point aux fonctions électives, mais qui répugnent à les briguer et à soutenir de leurs personnes, en vue du succès, des luttes où, quoi qu'on fasse, on perd toujours quelque chose de son calme et de sa dignité. Le plus sage est encore de se résigner à des excès qui semblent inséparables d'une élection libre. Les pays plus habitués que le nôtre à l'agitation politique en supportent de bien plus graves, qui sont passés dans les mœurs et qui se corrigent en quelque sorte par leur impunité même. Personne n'y prend plus à la lettre ces appels furibonds aux passions, les plus

Partie II

violentes ou les plus grossières, qui sont comme un stimulant dont les natures les moins cultivées ont besoin pour s'intéresser aux luttes électorales. Notre situation n'a jamais été assez calme pour nous permettre une semblable tolérance, et la répression, toujours en réserves d'autant plus efficace qu'on y a plus rarement recours, suffit pour les cas les plus graves, pour les provocations directes à la guerre civile et au renversement des lois, pour les violences matérielles, beaucoup plus rares d'ailleurs dans les élections françaises que dans les élections anglaises ou américaines. Quant au retour à un régime préventif, tout esprit non-seulement libéral, mais politique doit en écarter la pensée. Notre salut est dans la vie politique franchement acceptée avec tous ses périls ; nous n'avons pas moins à craindre de l'inertie du plus grand nombre que du trop d'ardeur de quelques-uns, et, s'il est bon savoir toujours présent le souvenir de l'empire, c'est pour en tirer des leçons sur le danger du premier de ces maux, non pour lui emprunter des exemples en vue de conjurer le second.

Cherchera-t-on enfin un remède dans la réforme même de notre système électoral ? Le scrutin de liste par département paraît universellement condamné. Le suffrage à deux degrés vient de trouver un habile défenseur.[1] Beaucoup de bons esprits voudraient assurer la représentation des minorités. D'excellentes raisons sont données, soit pour faire ressortir les inconvénients du régime actuel, soit pour justifier quelques-unes des combinaisons proposées pour l'améliorer. L'illusion est de croire qu'en le modifiant dans tel ou tel sens on gagnera quelque chose sur l'indifférence ou le découragement des électeurs. On attendait beaucoup du vote à la commune ; il n'a pas donné plus de résultat que le vote au chef-lieu de canton. On prétend même que, sur plus d'un point, il a augmenté le nombre des abstentions. L'esprit de défiance, si naturel aux paysans, s'accommoderait mal de l'obligation de voter sous les yeux de leur maire et des notables de leur commune ; ils seraient plus enclins à s'abstenir que lorsqu'ils avaient à porter leurs suffrages dans une autre localité où ils étaient moins connus. Gagnera-t-on davantage à l'abolition du scrutin de liste ? Les élections municipales à Paris y ont été soustraites et les élections pour les conseils-généraux ne l'ont jamais connu ; la circonscription, pour

---

1 *Du Suffrage universel et de la manière de voler*, par M. Taine.

Émile Beaussire

les premières, a été réduite à sa plus étroite limite, le quartier, elle n'embrasse qu'un canton pour les secondes ; cependant ni les unes ni les autres n'ont vu se produire moins d'abstentions que les élections pour l'assemblée nationale. Le scrutin de liste a de graves défauts, il a du moins cet avantage que les considérations de personnes, n'y ont qu'une importance secondaire. On vote pour le principe ou pour l'intérêt que représente une liste, et quand les opinions ou les passions se prononcent nettement dans un sens ou dans un autre, comme au mois de février 1871 sur la question de la paix, les plus circonspects se laissent aisément entraîner à voter pour des inconnus. Quand des noms propres, sont en jeu individuellement, les antécédents de chaque candidat ses opinions particulières sur tel ou tel point, son caractère et ses mœurs privées, ses relations, sa fortune même, sont l'objet d'autant de points d'interrogation, et quelle que soit la réponse, il est presque impossible qu'elle ne lui fasse pas perdre des voix, qui souvent n'iront à personne. Peut-être serait-il sage, de chercher un moyen terme entre le scrutin de liste, tel qu'il est pratiqué aujourd'hui, et le scrutin entièrement individuel ; mais, quel que soit le mode de votation, l'influence qu'il pourra exercer sur les abstentions sera toujours à peu près insensible.

L'épreuve du suffrage à deux degrés a été faite à plusieurs reprises pendant la première révolution ; elle n'a pas été renouvelé depuis. Il est permis de croire qu'on a commis une grande faute lorsqu'on est sorti brusquement, en 1848, du suffrage restreint sans renoncer en même temps au suffrage direct. Il serait plus difficile aujourd'hui de revenir aux deux degrés. Rien de plus délicat que de toucher à des droits consacrés par une longue jouissance, et ici la jouissance a pour elle près d'un quart de siècle. Nous ne voudrions pas toutefois, après tout le mal qu'a fait le suffrage universel direct, décourager les esprits indépendants et sensés qui cherchent à en modifier les conditions ; nous ne considérons que le point de vue de l'abstention et les remèdes propres à la combattre. Or le suffrage à deux degrés, lorsqu'il était en vigueur, était loin d'empêcher l'abstention, il l'empêcherait encore moins aujourd'hui, car, si nous avons hérité de quelques-unes des passions de nos pères, nous n'avons plus leur foi ou leurs illusions. M. Taine invoque l'exemple des élections municipales ; il croit y voir une preuve du zèle que l'on pourrait attendre des électeurs du second degré quand on ne leur demanderait que de choisir, dans leur commune ou dans leur quartier, les hommes les plus honorables et les plus capables, qu'ils chargeraient d'élire à leur place leurs conseillers-généraux ou leurs députés. L'exemple n'est pas concluant, car les abstentions ne sont pas plus rares dans les élections municipales que dans toutes les autres. L'analogie n'est d'ailleurs qu'apparente entre ces élections et un degré indirect de suffrage. Le choix de conseillers municipaux — mandataires directs de leurs concitoyens pour des intérêts qui les touchent de près et qui sont facilement compris de tous — rencontrera toujours des électeurs incomparablement plus zélés que celui de simples intermédiaires chargés du mandat indéfini de pourvoir, en faisant eux-mêmes de nouveaux choix, à des intérêts généraux qui n'éveillent chez la plupart des électeurs que de vagues et obscurs soucis.

On trouve, dans une pétition à l'assemblée nationale,[1] une combinaison ingénieuse qui allierait les avantages du suffrage à deux degrés avec ceux du suffrage direct. C'est une sorte d'organisation légale, par voie d'élection, des comités électoraux. Le suffrage universel pourrait ainsi se soustraire aux influences sans mandat, qui garderaient d'ailleurs toute liberté pour se produire, soit individuellement, soit sous la forme de comités libres. Il choisirait lui-même ceux qui devraient l'éclairer dans ses choix définitifs, sans abdiquer entre leurs mains et sans s'interdire d'écouter d'autres conseils. L'idée n'est pas impraticable, et l'institution proposée pourrait rendre des services, si elle ne devait pas se heurter, plus encore que les élections dont elle serait la préface, à l'indifférence des électeurs. L'abstention du plus grand nombre laisserait trop souvent la haute main, dans les comités officiels, aux minorités ardentes, et ferait tourner à leur profit la confiance inspirée par le caractère électif de ces comités.

La représentation des minorités a été ici même[2] l'objet de remarquables études. Il semblerait qu'elle dût se faire sa place dans la future loi électorale, si les raisons d'équité qui la recommandent étaient facilement accessibles à la logique trop simple et trop

1 Pétitions à l'assemblée nationale, par M. Charles Beaussire.

2 Voyez l'étude de M. Aubry-Vitet, 15 mai 1870, et tout récemment celle de M. de Laveleye, 1ᵉʳ novembre 1871.

Émile Beaussire

paresseuse de l'esprit français. Elle ne pourrait qu'intéresser à l'exercice du droit de suffrage beaucoup d'électeurs qui ne sentent pas le besoin d'aller voter quand ils ne voient aucune chance de succès pour le candidat de leurs préférences. Elle n'aurait pas toutefois beaucoup plus d'influence que les moyens précédents pour empêcher les abstentions. Les seules combinaisons sur lesquelles on puisse compter pour assurer, dans les résultats des élections, une valeur positive aux voix des minorités, supposent des minorités assez fortes, assez résolues, pour profiter, par le groupement et l'entente de leurs divers éléments, de tous leurs avantages légaux. Or c'est là précisément, dans l'état actuel, ce qu'il est le plus difficile d'obtenir des électeurs, même quand leur accord pourrait leur donner la majorité. Certaines minorités ne sont déjà que trop représentées, dans beaucoup d'élections, grâce à l'isolement de leurs adversaires. Les partis sentiraient encore moins le besoin de s'unir, si chacun d'eux pouvait espérer d'avoir ses représentants. Ce n'est pas tout. Notre plus grand mal n'est pas l'isolement des partis entre eux, c'est l'isolement des électeurs eux-mêmes par l'effet de la défiance, à tant d'égards trop bien justifiée, que leur inspirent tous les partis, toutes les opinions, toutes les résolutions à prendre. En vain leur offrirez-vous une représentation équitable de tous les groupes de volontés, s'ils ne savent de quel côté se ranger, si leur ignorance ou leur découragement oppose une force d'inertie à la formation soit d'une majorité, soit de minorités propres à exprimer fidèlement et clairement les divers besoins du pays.

Partie III

Le meilleur remède contre les abstentions serait de ne pas les provoquer par des élections trop fréquentes ; mais il n'est pas toujours permis d'user de ce remède négatif. Même quand tous les corps électifs ont été constitués, la mort, les démissions, les annulations, les élections multiples, y font sans cesse des vacances. Il serait d'ailleurs imprudent de voir dans la répugnance des électeurs pour de nouveaux votes l'indice d'une grande confiance dans leurs mandataires actuels. La seule induction qu'on en puisse tirer, c'est qu'ils n'attendent rien de mieux de l'avenir que du présent. Lorsque par malheur une telle disposition domine dans un pays, elle fait la partie belle aux factieux, car l'abstention dans les élections laisse prévoir une abstention bien plus générale et bien plus funeste devant une révolution ou un coup d'état. Il ne faut donc pas dédaigner ces mouvements d'opinion en vue d'un nouvel appel au pays, dont les partis extrêmes sont toujours prêts à prendre l'initiative. S'il convient d'y résister lorsqu'ils sont tout à fait factices, il est sage de les observer avec soin, et il faut savoir y céder à temps, dès qu'ils acquièrent une certaine intensité. L'agitation électorale sera souvent la diversion la moins dangereuse à des impatiences qu'on doit craindre de pousser à bout, quand on n'a pour soi que l'indifférence ou le découragement du plus grand nombre.

Puisqu'on ne peut éviter, dans une période révolutionnaire, la fréquence des élections, le même problème subsiste toujours : comment faire en sorte que les élections, par l'affluence et le zèle éclairé des électeurs, soient vraiment la manifestation de la volonté du pays ? Aux précautions légales, toujours insuffisantes, quelle qu'en soit la valeur, il faut joindre les moyens moraux. Ceux qui déplorent les défaillances du suffrage universel doivent avant tout compter sur eux-mêmes, sur leurs conseils, sur leurs exemples, pour le ramener à l'intelligence et au sentiment de ses devoirs. Il est moins ignorant qu'on n'est tenté de le supposer lorsqu'on voit quelles folies s'autorisent de son assentiment ou se prévalent de son abstention. Ses erreurs les plus regrettables sont presque toujours raisonnées et non sans un certain bon sens. S'il cède à des entraînements funestes, il ne fait que pousser à leurs dernières conséquences des idées fausses auxquelles ne sont pas inaccessibles des esprits éclairés. S'il se refuse ou se prête avec mollesse aux appels qui lui sont adressés, il obéit à des mobiles contre lesquels ne se tiennent pas toujours en garde les plus sages et les plus honnêtes citoyens. Si nous voulons éclairer ses choix et stimuler son zèle, sachons d'abord combattre en nous-mêmes la légèreté, le découragement, les vains scrupules, la confusion des intérêts et des principes. Si nous voulons faire cesser l'abstention, ne l'encourageons pas par notre exemple. Nous nous reprocherions de ne pas voter, et nous répugnons à l'action électorale ; nous laissons les fanatiques, les ambitieux, les intrigants, disposer en maîtres des comités, des réunions publiques et de presque

Émile Beaussire

toutes les manifestations de l'opinion ; nous hésitons également à demander des conseils et à en donner ; nous nous résignons à n'être que des unités impuissantes, quand nous avons plus ou moins charge d'âmes, suivant la mesure de nos lumières, de notre influence, des intérêts que nous représentons dans la société. Nous pratiquons encore l'abstention sous une autre forme, — dont la contagion n'est pas moins à craindre. Nous reculons devant des opinions précises et des volontés arrêtées. A part les esprits absolus et tout d'une pièce, enfermés dans certaines formules hors desquelles ils ne voient point de salut, les hommes les plus propres par leur éducation et par leur position à diriger le suffrage universel montrent plutôt des passions que des idées. On sait à peu près ce qu'ils ne veulent pas ; ils ne savent pas toujours eux-mêmes ce qu'ils veulent. S'ils entrent dans un parti ou dans une coalition de partis, ils n'y apportent ou n'y acceptent volontiers que des programmes négatifs, pleins d'équivoques ou de réticences quant au but qu'il s'agit de poursuivre. Ce n'est pas toujours duplicité ; c'est souvent l'hésitation sincère d'une âme en proie au scepticisme. Il faut que l'élite du corps électoral sache réagir contre ces habitudes d'abstention sous une forme ou sous une autre, si elle ne veut pas que la masse recule à son tour devant des devoirs que les plus sages ont de la peine à bien comprendre et à bien remplir.

Le suffrage universel a surtout besoin de trouver dans l'assemblée qu'il a élue, dans le gouvernement institué par cette assemblée, une décision plus nette et plus ferme. Loin de nous la pensée d'incriminer deux pouvoirs qu'honorent les intentions les plus droites et qui ont également bien mérité du pays par les services les plus éminents. Nous reconnaissons les difficultés d'une situation sans exemple ; nous souhaiterions seulement des efforts plus énergiques pour tourner ces difficultés, s'il n'est pas possible de les vaincre. On sait, par les scrutins publics, combien les abstentions sont nombreuses parmi les députés chaque fois qu'ils ont à prendre une résolution importante. Ces abstentions sont quelquefois une protestation légitime contre une question mal posée, dont la solution, quelle qu'elle soit, paraît inopportune ou dangereuse ; mais souvent aussi elles trahissent la répugnance à se décider, à s'engager pour l'avenir. Beaucoup, quand ils ne s'abstiennent pas, ne prennent un parti qu'au dernier moment ; ils forment comme une masse flottante sur laquelle nul ne peut compter et de qui le pays ne peut attendre aucune direction efficace. Sauf certains partis ou plutôt certaines individualités extrêmes, les divers groupes entre lesquels se partage l'assemblée ne suivent ni des principes fixes ni une ligne de conduite clairement tracée. Les uns réclament ou acceptent des institutions républicaines sans en définir les conditions essentielles, les autres avouent leurs préférences soit pour la monarchie en général, soit pour telle dynastie, sans toutefois s'engager absolument envers une forme quelconque de gouvernement ; ils ne veulent être que des conservateurs libéraux, et ce serait le parti le plus sage, s'ils étaient d'accord entre eux et avec eux-mêmes sur les bases d'une conciliation sincère et durable entre les intérêts de l'ordre et ceux de la liberté. Les uns et les autres, par des motifs divers, soutiennent le gouvernement actuel, lui accordent despotes de confiance, lui font souvent les concessions les plus graves, mais en réservant à son égard toute leur liberté d'action, en ne se faisant aucun scrupule de l'affaiblir par des critiques de détail ou par des applaudissements donnés à ses adversaires déclarés, en laissant toujours suspendue sur le pays la menace d'un incident qui le renverse au profit de l'inconnu. Le gouvernement lui-même, soit sentiment de sa faiblesse vis-à-vis d'une assemblée dont il reçoit plutôt des assurances que des gages de confiance, soit nécessité des ménagements réciproques entre les éléments divers dont il se compose, soit enfin irrésolution naturelle, pousse quelquefois jusqu'à l'abdication de ses plus incontestables devoirs la neutralité politique dont il s'est fait une loi. Il n'a de parti-pris que sur certaines questions qui ne sont pas proprement politiques ; il y pousse parfois l'obstination dans ses idées jusqu'à soulever entre lui et la représentation nationale, un de ces conflits qui laissent toujours les deux pouvoirs affaiblis, lors même qu'une rupture complète peut être évitée. Il affecte au contraire de s'effacer sur les questions où la nation aurait le plus besoin de savoir sa pensée et de sentir son influence. S'il sort de sa réserve, c'est par une intervention détournée, comme par une porte de derrière, ou bien par une sorte de coup de théâtre qui mécontente ceux dont il déroute les combinaisons sans satisfaire ceux dont il flatte inopinément les espérances et sans rassurer le pays, toujours inquiet au milieu des fluctuations et des surprises

Émile Beaussire

d'une politique d'expédients.

C'est la plus funeste des chimères de croire qu'on peut accoutumer un peuple à se gouverner lui-même en s'abstenant de le gouverner. La vie politique ne serait que confusion, si elle ne trouvait pour la diriger certains organes, dont l'action n'est nulle part plus sensible et plus forte que dans les pays les plus libres. Les membres du cabinet en Angleterre sont les chefs non-seulement obéis, mais respectés de la majorité dans le parlement et dans la nation. Les minorités ont également leurs chefs, à qui elles ne marchandent pas leur confiance. Il y a enfin, pour conduire et pour contenir les masses populaires, une classe moyenne qui fuit du soin vigilant des affaires publiques son premier intérêt comme son premier devoir. Le moment n'est pas encore venu où nous pourrons nous approcher de tels modèles. Nous avons toutefois dans notre gouvernement, dans notre assemblée nationale, dans notre bourgeoisie, de grandes influences, moins incontestées sans doute, moins maîtresses de leur action, mais qui peuvent encore s'exercer efficacement et utilement, si elles ne se manquent pas à elles-mêmes. Il faut que chacune d'elles, dans sa sphère, prenne la forme d'une volonté ferme, sachant clairement ce qu'elle veut et le voulant avec résolution. Il ne s'agit pas ici d'une obstination inflexible dans des principes absolus ; la suite et la décision dans la volonté n'excluent pas les concessions, les compromis même ; elles exigent seulement qu'on sache mesurer d'avance d'un clair regard l'étendue des engagements que l'on croit pouvoir prendre. Il faut se tracer un cercle et s'y maintenir résolument, acceptant tous les concours utiles, répudiant toutes les alliances compromettantes et n'autorisant aucune équivoque sur ses intentions et sur ses actes. Il est, par exemple, parmi les représentants du pays et dans le pays lui-même beaucoup d'excellents esprits qui croient que la France ne peut désormais supporter avec quelques chances de durée qu'une république aussi voisine que possible d'une monarchie constitutionnelle, ou bien une monarchie aussi voisine que possible d'une république parlementaire, et qu'il n'y a que des nuances entre les deux formes de gouvernement ainsi définies : de tels esprits manqueraient entièrement de sens politique, s'ils ne savaient pas agir de concert, s'ils laissaient croire qu'ils sont du même parti, les uns que les républicains radicaux, les autres que les purs monarchistes. Une action commune ouvertement poursuivie par tous ceux qui peuvent honorablement s'entendre, soit pour un résultat immédiat, soit pour un but plus ou moins éloigné, sans rien se dissimuler de leurs desseins ou de leurs espérances, telle est donc la vraie politique, à la fois honnête et habile, pour tous les partis sérieux dans l'assemblée et dans le pays. Cette politique sera efficace, elle fera tomber les hésitations et les défiances, si chacun, ami ou ennemi, est en quelque sorte dans la confidence des premiers magistrats et des représentants de la nation, sait où ils prétendent le conduire, ce qu'ils lui promettent ou ce dont ils le menacent. C'est par là, à force de franchise, que les pouvoirs publics pourront influer utilement sur les élections sans se compromettre par une intervention directe. C'est par les mêmes moyens que peut se faire accepter l'action plus immédiate des influences privées. Les électeurs flottants, indécis, effrayés, se sentiront rassurés quand ils verront devant eux des hommes de résolution et d'action, qui ne seront pas en même temps des hommes de désordre ; ils seront moins tentés de s'abstenir quand leurs suffrages seront à la fois éclairés et sollicités par des déclarations nettes et explicites auxquelles répondra une conduite politique sans inconséquence et sans faiblesse.

ISBN : 978-1533025616

Émile Beaussire